# Un bouc... et cetera

## Fabrice Boulanger

## Illustrations : Clément Peyrous

**Directrice de collection : Denise Gaouette**

Rat/ de bibliothèque

**Catalogage avant publication de Bibliothèque et Archives Canada**

Boulanger, Fabrice

   Un boucan d'enfer

   (Rat de bibliothèque. Série rouge; 11)
   Pour enfants de 6 ans.

   ISBN  978-2-7613-2062-7

   I. Peyrous, Clément. II. Titre. III. Collection: Rat de bibliothèque (Saint-Laurent, Québec).
Série rouge; 11.

PS8553.O838B68 2006          jC843'.54        C2006-941171-9
PS9553.O838B68 2006

Éditrice : Johanne Tremblay

Réviseure linguistique : Nicole Côté

Directrice artistique : Hélène Cousineau

Édition électronique : Talisman illustration design

© ÉDITIONS DU RENOUVEAU PÉDAGOGIQUE INC., 2006
Tous droits réservés.

 On ne peut reproduire aucun extrait de ce livre sous quelque forme ou par quelque
procédé que ce soit – sur machine électronique, mécanique, à photocopier ou à
enregistrer, ou autrement – sans avoir obtenu, au préalable, la permission écrite
des ÉDITIONS DU RENOUVEAU PÉDAGOGIQUE INC.

Dépôt légal – Bibliothèque et Archives nationales du Québec, 2006
Dépôt légal – Bibliothèque et Archives Canada, 2006

IMPRIMÉ AU CANADA

234567890  EMP  0987
10798 ABCD     PSM16

Grand-mère Esther
fait un boucan d'enfer.

À la maison, mes parents disent :
— Un dragon ronfle dans le salon.

Non !
Grand-mère fait un roupillon.

Au parc, les enfants crient :
— Une limace géante va nous attaquer.

Non !
Grand-mère se traîne les pieds.

Sur le bateau, un marin dit :
— Un loup-garou hurle à bâbord.

Non !
Grand-mère se mouche très fort.

Au restaurant, les clients disent :
— Un ogre rôde dans la cuisine.

Non !
Le ventre de grand-mère
crie famine.

À l'épicerie, la vendeuse dit :
— Un dinosaure piétine tout.

Non !
Les os de grand-mère
craquent beaucoup.

Mais, avec grand-mère Esther,
il y a un bruit que je préfère.

Un bruit tout mignon.
Un bruit rempli d'affection.

Un énorme SMAC !
sur mon front
pour me dire :
— Bonne nuit, petit démon !